I0417546

Italo Losero

RACCONTI LACASSESI

Sommario

Introduzione

Sei racconti, scritti tra il 2005 e il 2010: i primi tre potrebbero chiamarsi *fotoracconti* perché le immagini rivestono un ruolo importante, il quarto parte da una fotografia mentre il quinto e il sesto sono senza immagini.

Raccogliendoli e rileggendoli mi si evidenzia la nota comune: sono storie *pensate sul territorio*, meditazioni cresciute durante le passeggiate nella regione Basso di La Cassa in quello che un tempo era l'antico bosco planiziale della pianura padana. Mi piace pensare che le mille storie di chi ha percorso questi luoghi abbiano in qualche modo influenzato i racconti portando alla luce sentimenti antichi.

Il primo racconto parla della " Area Umida", una zona di elevato pregio naturalistico che ha stimolato divagazioni lisergico-musicali fantastiche crescenti fino a citare in giudizio il Divino.

Il secondo si addentra in demoniaci labirinti frugando tra pietraie e serpenti, rocce sonanti e sinfonie mozartiane; testimonia quanto un'arida pietraia può essere vicina al cuore dell'uomo.

Il *safari sul Ceronda* racconta della scoperta dei calori e dei colori di un mondo nuovo tra le rive di un torrente a due passi da casa.

Al racconto *Pazienza* sono particolarmente affezionato. E' la storia di due spighe di grano scampate alla mietitura, una meditazione sul senso del tempo.

'Ma voi sapevate' proietta il racconto in un utopico tempo futuro per raccontare una parte della storia attuale riguardante l'immigrazione.

Lo stesso artificio del viaggio nel futuro è il perno dell'ultimo racconto, una fuga in avanti sul vegetarianesimo e sui 'mangiatori di carne'

Non sono racconti chiusi in sé: sono spunti, inizi, abbrivi di ragionamenti che suggeriscono una direzione e rimangono aperti ad una aggiunta, ad una nuova conclusione, ad un cambiamento e ad una modifica; per questo un po' soffro nel vederli chiusi in forma di libro. La forma che finora hanno avuto, quella di pagine internet, mi concedeva un po' di spazio per tornarci ogni tanto, cambiarli, ripensarli. Attraverso i *link*, inoltre, consentivano l'apertura verso altre pagine, verso suoni, immagini.

Ora sono carta: diventano essi stessi una fotografia, un'istantanea, una rappresentazione di ciò che le passeggiate sulle mie terre fino ad oggi m'hanno suggerito.

Umidi viaggi onirici nel Ceronda

Racconto breve nella "Area Umida" del Basso di La Cassa, 2008

Fin da bambino la natura mi ha fatto da cassa di compensazione dell'anima.

Per qualsiasi preoccupazione, problema, cruccio ho sempre trovato nell'immergermi nel flusso delle cose naturali un riposo del cuore; soprattutto l'inverno e l'autunno mi sono stati d'aiuto e, con gli anni, sto cercando di conquistare anche le stagioni per me più difficili, la primavera e l'estate.

E' una specie di esercizio spirituale, a rovescio rispetto a quelli di sant'Ignazio: non è il mio animo a compiere la mistica ginnastica; va invece in ferie, lasciandosi coinvolgere da quanto di divino lo circonda. Un po' la "pioggerella" che bagna l'orto di Santa Teresa D'Avila, un po' l'orientale ricerca del farsi tacere per sentirsi.

Crescendo, la musica ha avuto per me un ruolo simile: una catarsi involontaria, il gesto d'arte che eleva lo spirito. Per questo spesso da adolescente mi sono lasciato andare alle note, per questo ancora adesso che, forse, sono adulto mi piace lasciarmi andare alle cure della musica.

E', ripeto, un lasciarsi andare, un fiducioso sprofondare; non è meditazione, pensiero, riflessione, non parte da dentro: ma lì arriva.

Mi riesce bene camminando, passeggiando, fotografando; per questo il cane e la macchina fotografica sono i migliori compagni di viaggio in questo torrido agosto lacassese: sgombro la mente, calzo gli scarponi e scendo nel 'basso', giù nel Ceronda che d'estate diventa una strada fiorita, palcoscenico ideale per avventure tra l'onirico, il trekking e il birdwatching.

Bastano pochi passi e i panorami abituali diventano palcoscenico che non tarda a mostrare le quinte; pochi sguardi sono sufficienti per vedere che le aride sassaiole e gli stagnanti rigagnoli sono in realtà sentieri tra le stelle, incendi di galassie, fuochi d'artificio che esplodono leggeri e coloratissimi, limpidi specchi d'acqua che esaltano foglie vanitose, lustrano lisci, levigati e tondi sogni di fiume, spighe alte e orgogliose ondeggiano su note di brezze fluviali ispirando qualche suono lontano, presente in qualche recesso della memoria, un refolo di quell'inconscio collettivo che tutti ci portiamo sottilmente negli angoli scuri e caldi dell'animo... e basta questo per mettermi in una condizione di pace, di ascolto quieto e stupito, così che nel volo delle garzette percepisco il soffio dell'aria su cui poggiano, la logica dolce e matematica dei movimenti eleganti, sapienti, efficienti che al solo guardarli ci s'innalza e rinfranca...

Mi danza intorno "La musica sull'acqua" di Hendel, una sinfonia che si libra tra i sassi, le spighe, i fiori e leggera riempie gli spazi che i suoni della natura lasciano liberi; rigoli, fontanelle, quiete lame d'acqua si trasformano in vasche d'architettura rinascimentale contornate dalle libellule, dalle farfalle, dai pesciolini: vita intorno alla fluida bellezza.

Sì, già sto meglio. Sono più vicino al cuore del mondo, mi sono più vicino. I miei passi si sono fatti più lievi, più lenti, più gravi; i movimenti più radi, quasi a voler imitare quello che vedo, a scivolare anch'io nelle logiche di fiume, nell'odore d'acque; anche lo sguardo cambia; invece di cercare si lascia trovare; ed è proprio qui, in riva al ceronda, che una piccola viola del pensiero ed una *spiraea japonica* mi offrono le loro grazie; la prima in basso tra i sassi, la seconda in alto tra i cespugli.

La violetta è piccola, minuta; a guardarla bene è accecante nei suoi colori. Se ad un primo sguardo la si vuole guardare lo si può fare; ma se si indugia sullo sfondo di pietre celesti e arancioni da cui nasce, sullo stelo, sulle foglie, sulle sfumature, sui colori, sul vortice di definizioni cromatiche che portano al centro del fiore... allora...allora... ci vuole coraggio, ci vuole molto coraggio per affrontare il centro del fiore; ci vuole una mente limpida, sincera e alta, che oggi posso solo sperare di avere. Quel giallo accecante, quelle strie nere, quelle taglienti lame bianche come denti affilati, quell'abisso di luce che attira al centro del mondo, quel buco nero della volontà... devo lasciar perdere, è troppo forte, mi stordisce. Rimane nelle orecchie qualcosa di forte e amaro, tipo 'A day in the life' dei Beatles, uno dei pezzi più strani che abbiano composto.

Stordito, abbasso quindi gli occhi, per rialzarli sulla leggiadra spiraea... che mi guarda dall'alto, o, meglio, si fa guardare. Ah, il fascino dell'oriente: guardate come porge le foglie, guardate come disperde la nebulosa di stelle da cui esplodono gli stami, guardate come nuota leggera nell'aria... e lì intorno volo anch'io in un viaggio interstellare tra mari rosa e abissi viola.... Sade, sicuramente; non il divino marchese, ma la cantante, per esempio 'smooth operator' potrebbe sinuosamente adattarsi a questa sofisticata femmina di fiore.

Lì vicino tre semplici spighe mi attirano: si stagliano sui colori dell'acqua, delle pietre, dei campi: mi sembrano un bel simbolo di questi luoghi, faccio una foto con le tre "signorine" in primo piano ed il resto sfocato, ma non troppo, in modo che si percepiscano le forme ed i colori, in modo che sia chiaro chi sono, che fanno, dove dono, a chi appartengono e di chi sono signore. Dopo l'apparenza, cominciamo con la sostanza: il gioco comincia a farsi duro. Questa è coerenza, potenza, concretezza: ricorda il grano, il raccolto, settembre, la Vergine, il controllo, la sicurezza. Oso un 'Atom earth mother' dei Pink Floyd: chi ha composto quella musica è un genio, o era fatto, o tutt'e due. Me lo lascio girare nelle orecchie, la sinfonia mi avviluppa tra il Ceronda e i pioppi, tra l'acqua e la pietra, tra la testa e lo stomaco rimbalzano le melodie e i bassi che mi imbrigliano tutto l'essere in una melassa goduriosa di sensazioni di cui non sono padrone, ma sicuramente protagonista.

A questo punto la mente comincia ad essere in uno stato di alterazione "confusa e felice" come nella canzone e ho bisogno di un attimo di pausa tra un quadro e l'altro; proprio come nei "quadri" di Mussorgsky, tra uno e l'altro c'è una "promenade" per consentire all'animo stupito di riposare in attesa del prossimo quadro. Mi tornano in mente le note del pianoforte nette, pulite, profonde e significanti

(quelle prima della revisione sinfonica di Rimsky-Korsakov) mi viene incontro l'immagine di Mussorgsky già vecchio e piegato dall'alcool ma con ancora in testa la tensione romantica e l'ammirazione infinita per l'amico pittore Viktor Hartmann, morto troppo presto, autore di quadri così significanti da meritarne un'ode che, veramente, "forse non morrà"...

Ancora con le note sul quadro 'La grande porta di Kiev" lascio la riva: mi addentro nella boscaglia, passeggiando. Promenade, appunto.

Rocce, erba secca, cammino arido, qualche difficoltà a camminare. Via dalla mente Mussgorsky, faccio entrare 'One for the Vine': Genesis anni '70, album *Wind and Wuthering*, Collins che imita Gabriel e diventa più gabrieliano di Gabriel, una delle melodie più grandi che porto nel bagaglio dei ricordi; la storia di uno schiavo che si libera, diventa grande, diventa conquistatore e legge negli occhi di un suo schiavo che si ribella... sé stesso.

E' quasi mezzogiorno: mi aspettavo un caldo soffocante in mezzo a rovi impercorribili. Invece l'aria è fresca, e tra i rovi si intravedono camminamenti che lasciano procedere abbastanza tranquillamente.

Poi s'intravede un cambiamento nel panorama; quasi improvvisamente, dopo una radura verde, si apre uno spettacolo di noccioli: tutti alti più o meno 4 o 5 metri che sostengono con i loro rami ad arco una volta verde sotto la quale non c'è erba, non c'è rovo, cespuglio o altro: solo foglie, un tappeto di foglie, un mosaico di foglie.

In alto i rami si intrecciano a coprire il cielo; mi ricordano le volte di un chiostro medioevale ed in mezzo una radura, una parte incassata, un mistero profondo... una pozza d'acqua, scura, nera come l'inchiostro... un posto magico, silenzioso, basta sprofondarci un po' con l'anima e si sentono gli echi tra i muri secolari. Melodie lente, profonde, insieme allo 'Squonk' dei Genesis (Un animale bruttissimo, quando catturato dai cacciatori piange così tanto da trasformarsi in una pozza di lacrime) mi arriva ondeggiando 'la nascita di un lago' di Angelo Branduardi,

"dimmi cosa vuoi

che io ti possa regalare,

grande è il mio potere,

quello che vuoi io posso fare"

mi perdo nelle acque scure, nere, rischio di annullarmi nella liquida profondita quando... plop! Plop! L'acqua è piena di vita, è piena di rane! Saltano di qua e di là, l'aria è limpida, il posto delizioso, ci si può sedere a fianco dell'acqua, e guardare nei riflessi scuri e... perdersi.

Mike Oldfield, "Incantations", seconda parte, ogni strumento che entra nella melodia è una nuova creatura che entra in scena.

Piano piano, in un riflesso più scuro e più luminoso insieme, quando al fondo dell'acqua vedo un colore più nero e più verde, più profondo e più arioso: è il riflesso di un'apertura nel bosco, un verde smeraldo lucente, una specie di luminosa apertura tra le fronde... ci devo andare.

Promenade.

Tra i rami si intravede qualcosa di... lucido, splendente e verde. La prima cosa che colpisce è la superficie liscia dell'acqua, piatta, piana orizzontalità trafitta da verdi canne puntate verso l'alto. Solo dopo qualche attimo capisco che sono di fronte ad uno stagno: l'acqua è calmissima, ferma, ma limpida; un'acqua onesta. Qualche passo avanti, oltre i rami, e lo stagno si apre: ondeggiano gli steli delle canne come tante bacchette di direttori d'orchestra, mi abbagliano gli arancioni delle foglie cadute nell'acqua, il nero profondo degli abissi dello stagno, il verde carico delle piante sott'acqua, i riflessi cristallini di ogni increspatura.

Respiro lentamente, non vorrei essere di disturbo in questa quieta quiete; vedo il mondo com'era per milioni di anni, perfezioni d'un ambiente naturale... fatico a pensare di essere a quattro passi da casa.

Non può esserci nelle orecchie che la colonna sonora di 'Koyaanisquaatsi' di Philip Glass. Uno dei film che narra le profezie e la visione del mondo degli indiani Hopi che avevano chiaro l'impazzimento verso cui il modo si sta dirigendo: e avendo chiaro il profilo dell'iceberg che aspetta il Titanic possono descrivere il miracolo del mondo che viviamo.

Mi spingo più avanti, il cielo si apre e riflette le nuvole nello stagno. Resto un po' ad assorbire questi attimi di luce poi... vedo un camminamento ed è...

Promenade.

Lo stagno piccolo   *Le ninfee*

Passo tra gli arbusti e più avanti vedo un secondo stagno: più piccolo, oblungo, meno evidente del precedente; anche qui l'acqua specchia il cielo ma in mezzo allo stagno ci sono... le ninfee! Ero abituato a vederle in laghetti curati, preparati, laccati; vederle splendere in quest'ambiente selvatico mi lascia stupefatto, tanta semplice eleganza nel cuore di un anfratto del Ceronda... ed è qui che mi lascio andare, in mezzo a qualche onirica melodia (Steve Hackett, "spectral mornings") mi tornano in mente gli insegnamenti del 'don Juan" di Carlos Castaneda, vorrei essere un corvo per vedere la scena dall'alto e....

...senza promenade, preciso, puntuale, si leva un airone a portare via i miei pensieri, a farmi capire che l'uomo ha un limite verso cui tende e davanti al quale lo struggimento lo annulla in una *hybris* che è compimento e annullamento della corsa insieme, la ricerca del senso è il senso.

Almeno in questa vita.

Giuseppe Verdi, *Salva me*, Messa da Requiem.

Perché l'uomo ha dei diritti su Dio.

All'Arìs, con il diavolo alla ricerca della pietra filosofale

Alla fontana dell'Aris, 2009

Sono montagnino, per me i monti sotto i 2000 sono sempre stati trattati con sufficenza come poco più che collinette; figurarsi questi piccoli rilievi dietro La Cassa, e le loro fontane.

Già più fattori mi spingevano ad andarci, alla fontana del'Aris: l'esserci passato una volta in bici e non averla notata, il fatto che Vittoria Fauro ne parlasse come luogo bello ma infestato da vipere, il fatto ancora che Alberto Casale narrasse di 'pietre che suonano' lì vicino; ce n'è abbastanza per stimolare la curiosità, preparare cane, scarponi e macchina fotografica e,

LE · DIABLE

per una volta, abbandonare il *Basso* di La Cassa per... l'Alto, temerario esploratore che dal sud ovest di La Cassa si spinge negli sconosciuti territori del nord-est.

Lascio l'auto alla fine della *via delle fonti* (...il nome, scoprirò, non è dato a caso..), l'avventura è propiziata dal saluto degli amici che dalla città si sono stabiliti proprio qui; quattro chiacchiere e poi si parte su per la strada sterrata, finchè dopo un km circa piega a gomito: di lì parte il sentierino che in poche centinaia di metri porta alla fontana dell'Aris, riconoscibile da una scritta blu, da una tettoia montata dagli alpini, da qualche tavolo in pietra montato per un possibile picnic.

Ci vengo ora, in questa stagione, perchè non ci sono vipere, delle quali ho una irrazionale paura, che diventa il centro dei miei pensieri man mano che dal paese mi avvicino. So che l'irrazionale irrompe nella vita dell'uomo per spingerlo sulla via del perfezionamento: così i sogni, le passioni, e le paure, arrivano da territori inesplorati delle profondità dell'animo, da istinti primi che in qualche modo abbiamo trascurato, o schiacciato. Un serpente è da sempre segno, e archetipo, del male: il tentatore, così connesso nella nostra cultura con il diavolo, che nei Tarocchi è così strano... guardatelo, nei classici tarocchi marsigliesi: è donna, sotto il tronco è a forma di capro, una cintura fallica in vita, un viso umano disegnato sul ventre (desideri sessuali e creativi), due occhi nelle ginocchia (ha tanti occhi per guardare bene in faccia le proprie paure), tiene incatenate due persone (forse amanti).

Già da bambino ero affascinato dagli strani disegni dei tarocchi e durante la salita tornano alla mente insieme a considerazioni cabalistiche sugli arcani (per chi vuole approfondire, vedi alla voce Jodorowski); l'unica cosa che mi resta è che nelle interpretazioni più serie, se così si può dire, dei Tarocchi il diavolo non è legato al male, bensì alle esperienze terrene, alla fisicità dell'esperienza umana; non è una carta di per sè negativa, può indicare anche la catarsi tramite l'esperienza fisica.

E' legato alla via terrena del superamento della polarità, la via che passa attraverso le profondità dell'essere opposta a quella che passa per lo spirito (5, il papa), tant'è che in altre carte il diavolo ha tatuato sugli omeri il principio alchemico '*solve et coagula*', alla fine l'unica formula per ottenere la pietra filosofale.

Le catene indicano il pericolo del fascino che può bloccare chi troppo si affida a questa carta; il fatto che abbia i seni e il pene ricorda la nostra voglia di assoluto nella perfezione dell'ermafrodita e porta dritti dritti al *baphomet* dei Templari, e da lì saltare a Eco del *Pendolo* o al Bulgakov di *Il maestro e Margherita* è un'attimo, ma il turbine che crea è così vorticoso che sa un po' di inutile baloccamento; meglio pensare di meno e sentire di più, adattarsi all'ambiente e sentirne le vibrazioni.

Così, accompagnato da questi pensieri, arrivo all'Aris in una tiepida giornata di fine febbraio, attento ai segni che l'irrazionale vorrà segnalarmi.

I primi segni sono tutti negativi, mi sento a disagio; sarà il discorso delle vipere, o questa strana tettoia metallica che così poco c'entra con l'ambiente, o i tavoli fatti di metallo e pietra, così rigidi, quando mi aspettavo legno, oppure questo ambiente così petroso, calcareo, duro, grigio e marrone... fatto sta che questo luogo dell'aris, del riccio, mi presenta ora solo le spine. Anche la scritta blu, sembra essere fuori luogo. Mi rendo conto però che è un luogo di rispetto, che richiede attenzione: ciò che sento è il cane alla guardia degli spiriti del luogo. Sono in bilico: tornarmente indietro o continuare?

Penso alle pietre che suonano, ed è un pensiero positivo: se qui qualcosa suona, c'è qualcosa di buono, perchè il suono è ordine, è melodia delle cose. Vinco qualche resistenza e... cerco le pietre che suonano. Alberto ha detto che certe pietre se percosse con altre si mettono a suonare: si devono cercare quelle incastrate in un certo modo. Ma già quando me lo diceva ero scettico: come può suonare qualcosa di incastrato? Quindi cerco le pietre, e cercandole vedo che la fontana è ai margini di una grandissima pietraia; lunga 700 metri, larga nel punto massimo una cinquantina, è una lingua di pietra posta su un dislivello di circa 100 metri; l'Aris è quasi nel punto più alto.

Prendo un sasso, lo percuoto su un'altro e... bump, niente suono. Mi sposto, un'altro ancora e... bump, niente. Ancora e ancora, ma nulla suona, solo rumore di pietra che cozza su pietra. Mi sento anche un po' deficiente ad andare in giro a sbattere pietre.

Da quando cammino su questi sassi rosa scuro ho una strana sensazione; sono abituato alle pietraie d'alta quota, ogni anno rimodulate dai nevai; questa è decisamente diversa, le pietre sono fisse, stabili. Dovrebbero darmi una sensazione di terrestre solidità, invece mi sento sollevato, e mi accorgo che.. in realtà sono sull'acqua. Questa pietraia è sull'acqua! Mi sposto verso l'alto e la sento meglio: tanta acqua, sotto di me, sotto queste solide rocce, più avanzo e più sento il rumore, così forte che penso e spero di vederla ma.., no, non si vede, è sempre sotterranea. Vado su, fino in punta, per vedere il ruscello che deve sicuramente esserci ed immettersi nella pietraia ma.... non c'è. La pietraia finisce improvvisamente in un boschetto. Più tradi andrò fino in fondo: anche lì, niente acqua. L'unico ruscello che c'è passa nella linea di impluvio, più a ovest.

Questo è molto interessante. Sto camminando su una pietraia che nasconde l'acqua che scorre.

"Addio", disse la volpe. "Ecco il mio segreto. È molto semplice: non si vede bene che col cuore. L'essenziale è invisibile agli occhi": il Piccolo Principe mi rincuora.

L'acqua è sempre stata simbolo della conoscenza (si pensi a Cristo *sorgente di vita*) e anche del pericolo inconscio, ed il fatto

che io la senta ma non la veda, che la voglia vedere ma che lei mi si neghi, mi affascina; inoltre mi fa sentire anche in pericolo, come se potessi sprofondarci dentro; stavolta è la pietraia, con la sua solidità, a farmi da scudo. Ancora, questa senzazione di essere in bilico, di percepire insieme un pericolo e una possibilità di crescita, di essere alla scoperta di qualcosa e, insieme, di aver bisogno di un aiuto.

Tra le risorse che si possono usare per capirci qualcosa c'è il sè profondo; senza scomodare le filosofie indiane, basta cercare il silenzio dei pensieri per sentire salire qualcosa da dentro; mi siedo su un sasso comodo in cima alla pietraia, guardo gli alberi scarni, la piana verso Torino, Superga, sento l'acqua scrosciare e... sale Mozart.

Così, ondeggiante come una brezza che va e che viene, le note del *lacrimosa* del Requiem mi si compongono in testa... ma guarda un po'... io che in materia sono rigorosamente verdiano, che esalto le rivendicazioni urlate dall'anima verso dio, un sindacalista della nostra razza contro il padrone, stavolta mi faccio prendere dalla melodia dolcissima mozartiana, orecchie basse, riverenza e timor di dio... un po' alla volta le sensazioni negative se ne vanno, per lasciar posto a qualcosa di più dolce, all'accoglienza del momento, dell'acqua, delle pietre, all'annussare nell'aria l'onda del tempo che mi si dispiega davanti.

E aperte le porte di Mozart, è tutto un'incedere; sale vibrante il *Kyrie*, e poi ancora il *Domine Jesu* dell'Offertorium, i cori mi risuonano in mente, vorrei tanto aver portato il lettore MP3 per stampare in testa questo momento.

Percorro tutta la pietraia, dall'alto al basso; sempre con l'acqua a qualche metro sotto i piedi, saltando sulle salde rocce. Solo in certi punti mi fermo; non so perchè il cane guaisce, mi guarda e non vuol saperne di continuare. In questi casi giro intorno, vado sul bordo e proseguo; ormai sono nel flusso degli eventi, inutile essere in disaccordo con la natura; una scodinzolata è il segnale che la via è quella giusta.

E così *bump, bump, bump* un salto dopo l'altro percorro la pietraia e *bump, bump, bump,* mi rieccheggia Mozart, e *bumb, bump, plin,* vado verso casa

Plin?

Plin, indubbio, quello non era un *bump.* Ripercorro i miei passi e... *plin, plin, pliiiinnn,* c'è una roccia che suona!!! E' una pietra quasi piatta, che ad uno dei lati si assottiglia verso l'alto; passando col piede su quel lato si alza la parte opposta che ricade sulla pietra sottostante e... suona! E' un suono duro, puro, abbastanza intenso; guardando la pietraia penso di riconoscerne il motivo: se c'è l'acqua sotto vuol dire che periodicamente questa pietraia è inondata fino in superficie: l'acqua porta via tutte le parti più piccole, sassi e sabbia, spostando e incastrando perfettamente i grandi massi. Questi massi contengono metalli in quantità: più in alto c'è la *Fontana d'l Aram,* chiaramente indice della ricchezza di rame nelle acque e, altrettanto, nelle rocce. Questo metallo deve conferire una struttura cristallina che fa 'suonare' la roccia

Già la mente parte sul rame, e sul suo pianeta, Venere, sulla forza materna di quest'acqua cuprea, sul ruolo di equilibratore del metallo nell'antroposofia, di accettazione di sè secondo Steiner, dell'uso che ne veniva fatto nelle pratiche di guarigione e di crescita spirituale e, cito, *"E' ottimo da usare per chi fa politica, poichè conferisce discernimento nel proseguire il giusto fine"...* ce n'è abbastanza per un altro viaggio, magari con i nostri amministratori, per abbeverarsi alla *fontana d'l Aram*

L'acqua, la conoscenza inconscia, ogni tanto viene in superficie e sistema le cose, pulendole, facendole risuonare di una loro melodia... quanto ci sarebbe da lavorare per uno psicanalista, quanto ci sarebbe da pregare per un credente, quanto c'è da ringraziare per un uomo..

Me ne torno a casa con l'animo più leggero, sicuro che anche questa volta l'ambiente che mi circonda mi ha aiutato ad avvicinarmi all'essenza delle cose, qualsiasi essa sia; che la ricchezza che abbiamo è nel territorio intorno a noi, che ha una conoscenza che va molto al di là delle nostre povere nozioni, che i veri flussi di conoscenza stanno nell'irrazionale, negli archetipi dell'inconscio collettivo mascherati da istinti, paure, sensazioni.

Anche una pietraia può essere la via per l'infinito (perchè no, una *stairway to heaven!*) perchè raccoglie in sè le conoscenze della terra e va difesa.

Penso al progetto del nostro comune vicino (Varisella) che sta vendendo per pochi soldi una grande pietraia: gli amministratori non potevano crederci, pagano per prendere le pietre...

Capiranno mai cosa hanno venduto per trenta denari?

Un safari sul Ceronda

..ed un fiume con i pesci vivi a un'ora dalla casa…

Luicio Battisti, 'Una giornata uggiosa'

In questi caldi afrori agostani mi diverto ad avvicinare il periodo alla simbologia contadina, causa prima del nostro sentire il tempo e le stagioni; nell'epoca dell'apoteosi del ciclo primaverile -estivo, del grano maturo che si accumula nelle aie, viene spontaneo dimenticare per un attimo le economie, il calcolo e la tecnica (ci penserà settembre) e lasciarsi andare ad una visione fiduciosa dell'io, cioè della natura, abbandonandosi a godere del periodo

Ed è per questo che ho finalmente rotto gli indugi e mi son mosso ad una avventura pret-a-porter, un piccolo safari intra le mura: percorrere il Ceronda per tutto il territorio di La Cassa da un confine all'altro. So che a molti può risultar baggianata: comprendetemi bonariamente. So anche che molti lacassesi d.o.c. mai hanno percorso per intero il loro torrente; altrettanto so che in molti hanno conosciuto ogni ansa, ogni roccia, ogni colore, ogni atmosfera che le (quasi) quiete acque suggeriscono.

Io che non sono originario di La Cassa mi illudo donchisciottescamente di portare alle menti sensibili dei cavalieri di coteste contee qualche nota che partendo da un piccolo torrente evochi sinfonie più grandi, che aiuti ad assaporare i calori ed i colori dell'acque nostre celebrando questo piccolo torrente (per dirla con le strofe magiche di Branduardi: *giunsi come un maestro solitario / e non canto e non celebro che i topi./ Dalla mia testa come uva matura/ gocciola il folle vino delle chiome,/ voglio essere una gialla velatura/ gonfia verso un paese senza nome).*

In questo ardire d'essere gialla velatura, per sgocciolare il folle vino sono partito dal confine a libeccio, Druento / San Gillio, per raggiungere quello a maestrale, Fiano; è un percorso facile, in questa stagione basta un paio di stivali per poter attraversare il Ceronda e per poterlo risalire tranquillamente.

Parto sentendo in lontananza i rintocchi del campanile: sono le nove di mattina del 17 agosto.

Per fortuna, il torrente passa lontano dalle zone abitate (per l'intercessione di san Galasso), tutto il percorso è in una zona bellissima e tranquilla. Lo si può fiancheggiare a piedi, in bici,

a cavallo; ci sono sentieri per tutte le zampe, dalla strada carrabile al sentiero, sia percorrendo il fiume da sud a nord che viceversa; è un percorso che consiglio a tutti, è una bella occasione per conoscere il nostro territorio che dovrebbe essere resa obbligatoria a tutti i residenti, per poter far comprendere i quant'è magnifico il territorio che ci circonda.

Quindi, calzata l'armatura (gli stivali) e allertato lo scudiero Sancho (beh, per questa volta si adatta il mio cane) sono partito lancia (macchina fotografica) in resta per percorrere l'avventuroso safari partendo dalla briglia che delimita l'area umida. Questa "area umida" è una zona di cui ho parlato spesso in questo sito; tralascio malvolentieri di parlarne ancora, gli stagni e le ninfee che in questo periodo sono al massimo dello splendore meriterebbero più attenzione

Il cielo sereno avvampa l'anima esaltando i colori e le armonie; già dai primi passi mi è chiaro che anche stavolta sarà la natura ad osservare il mio comportamento, e non viceversa, in un rapporto lisergico scatenato dalla chimica dell'essere.

Sia che si stia con i piedi a bagno nel ceronda, sia che lo si abbandoni per seguire qualcuno degli intricati sentieri sotto i noccìòli, i colori catturano gli occhi. Sono sempre presenti dominanti giallo/arancioni sui fondali che, appena diventano più profondi, lasciano spazio al verde, prima chiaro e poi cupo, che penetra nel sottobosco puntellato dal viola delle tamerici e dal bianco dei vilucchioni; ai lati del torrente il terreno è sabbioso, fragile (è stato inondato da poco), lascia spazio a piccoli ristagni d'acqua e a cupi corridoi sotto gli arbusti. L'aria è fresca, leggera, si cammina volentieri; non c'è bisogno di conoscenze cromoterapiche per sentire l'effetto che ogni colore ha sulla mente, sullo stato d'animo, sui pensieri: le radure blu-verdi non possono che calmare, rilassare; i gialli, gli arancioni, i rosa, gli azzurri elevano lo spirito; i rossi, i marroni spingono all'azione. Non c'è bisogno di pensare, meditare, filosofeggiare: basta lasciarsi andare ai colori per vivere un'avventura tra le capriole dell'anima.

Qualche sentiero è più marcato perchè percorso *da monutain bike* o da cavalli che percorrendoli li mantengono vivi. Tracce di caprioli, di cinghiali di... boh, altri animali, si distinguono nettamente. A portata di mano ci sono molte, dolcissime, more mature: assaporandole anche il gusto partecipa alla festa dei sensi.

Percorrendo il ceronda da sud a nord mantengo la sinistra orografica, cioè il lato opposto a quello del paese; cammino nello spazio tra il Ceronda e il muro della mandria. Ad un certo punto una sorpresa... angosciante.

Dove c'era una bellissima pineta non c'è più nulla o, meglio, c'è un disastro. Riconosco il luogo per esserci passato qualche anno fa, ricordo la baracca che avevo visto sotto un tripudio di conifere che ora invece è in mezzo ad una zona deforestata, mi sembra... rovinata. Mentre è chiaro che tutti i pini sono stati abbattuti non è chiaro perchè la zona non sia stata risistemata: molto del legname è lì abbandonato, ci sono bidoncini di plastica in giro, il tutto dà un'idea si abbandono e d incuria; un

po' mi pento di essere passato di qui, avevo un ricordo di bellissimi sentieri sotto i pini a lato del fiume... boh.

Alzo gli occhi e vedo volare leggero qualcosa, forse un'anatra: ali spiegate, rotta sicura, si staglia nel cielo con lo sfondo delle nuvole a ricordarmi che la natura ha una possibilità di recupero: le piccole robinie sono il primo segno della riconquista del territorio, la vegetazione in qualche anno ricporirà l'area e la restituirà alla natura... certo, sarebbe meglio che chi ha abbattuto i pini si fosse anche proccupato di ripristinare l'area. Chissà se ne sapremo qualcosa, di questa storia.

Spiàno i pensieri e mi riporto sul Ceronda e sono ancora una volta i colori a catturare l'attenzione e a riportarmi su pensieri più dolci. In queste zone dove il torrente scava di più il letto non è costituto da sassi ma da pietra viva: ci sono grandi rocce che fanno da fondale, rocce con i colori più diversi. Sono giallo chiare in superficie, si scuriscono verso il verde dove l'acqua è profonda. Il mio fido scudiero ne approfitta per un bagno

Proseguendo verso nord dal giallo si passa all'arancione; un colore molto vivo che diventa rosso/marrone in profondità; tanto più vivo quanto più il torrente è in discesa, tanto più

calmo e riposante nelle zone più pianeggianti.

Il cielo si riflette nell'acqua; sulla superficie calma si sommano i colori delle rocce e l'azzurro; nonostante il periodo agostano, l'aria è fresca, la vicinanza dell'acqua la rende frizzante. Si cammina volentieri, i pensieri scorrono veloci, lo sguardo si sposta velocemente dall'acqua, alla terra, all'aria: ed è in aria che spesso si vedono garzette bianche e aironi cinerini che volano tranquilli in queste zone lontane dal traffico degli uomini.

Alzando gli occhi per cercare le direzioni del giro ampio di un airone lo sguardo cade su un'ombra più veloce, più scura, potente e aggressiva: una poiana. Vola alta e poi si abbassa; fa un paio di giri, si avvicina, vola prima a raso d'acqua e poi si rialza, gira ancora.

Miro il teleobbiettivo su di lei: mi guarda, vedo gli occhi gialli che mi puntano. Gira in tondo con la testa sempre rivolta a me; sono ipnotizzato da quello sguardo fiero. Faccio fatica a convincermi che devo impostare la macchina fotografica, velocità, obbiettivo, diaframma, servo focus per seguirla, scatto a ripetizione per prenderne ogni attimo. Spiana le ali, raddrizza il volo e mi passa sopra, se ne vola via.

Sento dodici rintocchi: è mezzogiorno, sono più o meno all'altezza del Trucco, attraverso il guado e me ne torno a casa per la strada che costeggia il fiume: bei panorami, il mulino, la fontana del Basso.

Ho passato tre ore in questo safari sul Ceronda.

Me ne torno a casa ebbro del folle vino che mi gocciola da ogni pensiero, l'anima con le vele gonfie verso chissà quali nuovi frontiere, con la testa ancora arruffata di pensieri camminando per la strada solita, quella del cimitero, della fontana, del mulino...

AH! Un mulino... a veder bene mi sembra un cavaliere che voglia distruggere questo incanto…

Sancho! All'armi!!!

Pazienza

*La morte
si sconta
vivendo*

Giuseppe Ungaretti

Non è che sia vietato o che non si possa fare, ma lascia un sapore strano cadere dentro un'immagine.

C'è qualcosa di ancestrale in questo nostro senso della vista che riesce a solleticare corde profonde. Nella canzone, bellissima, *'Il funerale'* di Branduardi c'è un finale chiaro che descrive la fine del nostro percorso terreno:

...ritroverai la collina dei giochi,
là tu deponi il tuo cuore.

La fine della vita come sensazione suprema che riavvicina all'infanzia, la vecchiaia che chiude il cerchio della vita. *'La fine è il mio inizio'*, bellissimo titolo del libro di Terzano Terzani, in fin di vita. E quanti altri riferimenti nelle filosofie alla vita che schiude i suoi misteri nell'infanzia e nella vecchiaia....

Una delle parti che più mi affascina della foto è la profondità, i piani che si rincorrono e si richiamano; in mezzo al gioco dei piani, in centro foto, un po' a destra, su sfondo chiaro, c'è una pianta. E' lì sospesa come un ricordo impreciso, nè vicina nè lontana, corda che risuona a profondità non collocate; dietro, le altre piante più grandi e seriose tengono bordone al suo canto: e che cori!, che unisono potente, che salita verso l'alto, che invenzione nel fondersi verso lo scuro, in alto, che è piccola invenzione: al posto del chiaro del cielo c'è lo scuro; è inverno, è profondità, è un basso profondo, è una vibrazione del ventre...

Ieratica e elegante, questa che definirla pianta è già farla arrossire (beh, in primavera). Nonostante il freddo, l'inverno, la vecchiaia, la rigidità, la nebbia, lei è lì e porta la sua testimonianza. Non ha, in questo momento, speranze di primavera; c'è, vive, si basta. Il profilo mi si confonde con quello di Norberto Bobbio del *'De Senectute'*; nella sua disperata denuncia dei morsi dell'età la chiarezza solida che ne staglia la figura sull'indistinta nebbia.

Divisa in due parti simmetriche sembra cercare un giudizio equilibrato, un criterio di presenza ragionata, una collocazione distinta e corretta nella foto. Molto piemontese.

Più avanti, la fila di spighe rimaste lì, esuli di un passato raccolto. Abbandonate all'inverno, lasciate, rimaste, stupite esse stesse: ad occhi spalancati, un po' spaurite, tutte belle in fila una dietro l'altra. Si guardano l'una l'altra..., *e, a tendere l'orecchio si sente, scambiano qualche parola sottovoce, piano...* magari qualcuno s'accorge che sono fuori posto e le sgrida o le manda via.

...non sia mai.... è così bello e strano stare qui....vedere il mondo d'inverno... un privilegio che solo poche, tra le loro simili, hanno mai avuto.

Si ricordano che, durante la bella stagione, ne avevano sentito parlare, dell'inverno. Come di un paese sconosciuto: meraviglie e cose terribili si mescolavano nei racconti delle spighe più grandi, tanto che ti viene da coprirti gli occhi con le foglie e pensare che mai, mai potresti resistere in un posto così.

Ma ora, ora, ora.... ringraziano il cielo e la terra per quello che hanno potuto vedere, da quel giorno in cui si sono accorte che non sarebbero finite nel Grande Paradiso Meccanico Con Le Grandi Ruote ma che sarebbero rimaste lì... ancora un po', chissà quanto.

Ricordano che la prima cosa strana fu la luce; il giorno che aveva smesso di allungarsi.

Prima si pensò ad una malattia del sole, che presto si sarebbe rimesso e magari avrebbe recuperato il tempo perso.

Poi fu chiaro: nessuna malattia, il sole tramonta prima, il giorno si accorcia, la vita cambia.

Panico.

Panico panico panico paura paura angoscia oddio oddio oddio e adesso adesso adesso cosa facciamo? dove andiamo? (da nessuna parte, siamo piante, razza di cespuglio deficiente).

Straniere, siamo straniere qui, non è il nostro posto, non è la nostra ora, non siamo fatte per essere qui.

Al posto sbagliato nel momento sbagliato.

E pensare che potremmo essere delle belle pagnotte..... come le altre....

Non piangevano, perchè erano spighe adulte. Ma erano tristi. E forse qualche lacrima di nascosto a qualcuna era scappata...

E quel vento, quell'aria, quel sole che cominciava a lavorare di meno. Sembrava che, passata la festa, il sole si fosse dimenticato di loro: non le scaldava più come una volta.

Cominciarono le piogge; e loro cominciarono a piangere, tanto non si vedeva.

Le piante, quelle grandi, quelle vere, parevano tutte impazzite: invece della bella solita divisa verde s'erano cambiate tutte d'abito.

Poi le piante si spogliarono; loro, le spighe, ci rimasero veramente male. Uno spettacolo indecente, triste, ma non si vergognano? con questo freddo poi....

Non era più il loro mondo. Qualcuna si arrabbiò e arrivò a dire parole irriverenti verso chi le aveva create e maledisse il giorno in cui germogliò. Parlavano poco, non sapevano che fare. La vita era solo tristezza, toni di grigio e freddo.

Qualcuna si spezzò, stramazzò al suolo.

l freddo non sarebbe mai finito; avrebbe continuato all'infinito, e quello era il senso della vita: o entri nel Grande Paradiso Meccanico quand'è la tua ora o sei condannata per sempre alla grigia eternità.

Svilupparono un certo senso della fatalità, un po' di cinismo e ricominciarono a parlarsi. A volte anche a ridere... beh, ridacchiare per lo meno. Avevano sviluppato una certa resistenza al freddo e alla stagione, e riuscivano a dolere di meno e osservare di più. Si formarono molte rughe sui loro steli, ciò che rimaneva delle foglie era incartapecorito, qualcuna era rimasta con la pannocchia bionda, altre nera; ed è in questo momento che le ho fotografate; alcune sono chinate l'una verso l'altra per chiacchierare, e, se guardate bene, in basso, qualche spiga si tiene per la foglia con la vicina.

Così, perchè in due è meno duro essere straniere nell'inverno, e il solo parlarsi fa sentire meno soli.

Ad un certo punto, prima piano, poi più chiaramente, capitò quello che tutte avevano sognato: i giorni si allungavano! Finalmente! Basta con le lunghe notti! Si diffuse subito la notizia e se ne parlò parecchio, si pensò di festeggiare in qualche modo l'evento.

Ma.... un velo sottile increspava il sorriso raggrinzito delle spighe.

Non sarebbe stata più la stessa cosa. L'evento sognato, aspettato, invocato, spasmodicamente atteso, aveva portato con sè una consapevolezza profonda, dal gusto forte e amaro. Il loro tempo era passato; erano state delle privilegiate, avevano visto ciò che poche spighe al modo possono raccontare.

Con una quiete sconosciuta cominciarono a ricordare quanto visto, che ora non era solo più grigio e freddo, ma portava ricordi caldi: essere vicine, parlare, stupirsi di quello che accade. La quiete del ricordo, la calma che le pervadeva, fu solo superata dall'enfasi del ricordo della neve. Chi, chi, chi al mondo può raccontare niente di più dolce e bello? Avevano visto la neve, si erano anche un po' riscaldate lì sotto, parlottando, occhi spalancati su un modo fatto di contorni arrotondati e rumori attutiti... una favola...

E questo era bello. Ma era ricordo.

Ora erano stanche, anche di ricordare, ma ciò che più le aveva sfinite era la consapevolezza di non avere più le forze per germogliare; non poter godere del calore del sole, che, oggi, non era dedicato a loro. La festa era finita; abbondantemente.

Non era il loro posto, non era la lora vita.

Ma era la loro ora.

Una specie di Grande Paradiso Meccanico arrivò; un po' diverso da quello dell'estate. Prendeva terra, spighe, piantine, e quanto trovava per strada e rimescolava tutto, rendendo il campo uniforme e liscio.

Presto le avrebbe prese; avremo una sepoltura, pensarono.

Un po' avevano paura.

Non fu terribile, bastò lasciarsi andare.
Lasciarsi spezzare.

Darsi alla terra.

Ma voi sapevate....

I gommoni degli immigrati devono essere affondati a colpi di bazooka.

Giancarlo Gentilini

L'import e l'immigrazione sono due facce dello stesso problema, così bisogna quotare sia gli immigrati in entrata sia le merci, altrimenti è il caos sociale.

Umberto Bossi

Ahi, la schiena...

Curare l'orto è un modo gentile per guardarmi dentro, ma a volte, quando minaccia pioggia, mi prende questa fitta alla schiena... da quando ho superato i cent'anni ogni tanto ho questi dolori e, oggi che ne faccio 109, mi ricordano che non sono più un giovanotto, anche se le infusioni di geriatrina via internet fanno miracoli... veri, veri miracoli, solo al tempo dei miei genitori era impensabile vivere in salute a quest'età.

L'orto è uno spettacolo; coltivo di tutto e mi nutro di ciò che coltivo; so che quel che mi passa la previdenza è molto meglio, più nutritivo, più puro; ciononostante mi assumo il rischio di mangiarmi ciò che coltivo, al massimo qualche batterio in più sarà mio ospite e risolverò tutto con qualche seduta... sul water.

E' una limpida giornata di metà ottobre, l'aria è pura, il cielo sereno, collego una foglia di lattuga ai miei occhialini 3d e vedo lo spettacolo che non smette mai di stupirmi: da quando è stata inventata la rappresentazione musicale tridimensionale della fotosintesi non riesco più a staccarmi dallo spettacolo delle forme e dei colori che vedo; basta un grado di temperatura in più o uno in meno, il vento da sud oppure da nord, l'umidità, la stagione, il giorno, i campi magnetici stellari, qualsiasi cosa cambia ciò che vedo e sento: sinfonie nuove ogni volta, brani direttamente ispirati da madre natura, spettacoli di una regia infinita ma ancora misteriosa, ancora ignota a tutti, ancora... mistica, forse divina. Mi ci perdo come un bambino; più invecchio e più sono sensibile a queste struggenti forme di bellezza, più mi lascio andare a contemplare quello che oggi viene visto come normale, solito... naturale.

La fortuna di essere vissuto in questo secolo (1963/2072) mi consente di godere ancora di più di tutto questo: conservo la memoria del passato che mi alimenta lo stupore del presente e mi fa vivere ogni giorno meglio, ogni giorno sembro più sano, più forte, ogni giorno vedo un futuro nuovo, vedo che posso tranquillamente avvicinarmi al trapasso, incontrare la purissima assenza di tempo nella quale essere ciò che son stato e quello che sarò.

Molti miei amici, spesso molto più giovani di me, si sono avvicinati, hanno incontrato e scelto questo momento: li sento vicini ogni giorno, cantano nelle sinfonie delle foglie, mi aiutano e mi consigliano, vivo meglio grazie a loro. Spesso mi dico che vorrei imitarli.

Mi piacerebbe, ma c'è qualcosa che mi rende inquieto... non penso che la mia anima sia pura, non penso di avere uno spirito così limpido da potermi librare in quelle praterie di serenità; so perfettamente che ogni imperfezione mi rispedirebbe indietro, mi respingerebbe; vivo bene, sereno, tranquillo, ma so che non tutto nella mia vita è stato così limpido da lasciarmi sereno per sempre.

Ed oggi il mio trisnipotino me l'ha fatto notare.

Come al solito per il mio compleanno c'erano tutti: più o meno un centinaio di persone, in questi 109 anni tra i miei figli e i loro figli abbiamo messo al mondo cinque generazioni, tutti convenuti qui in questo assolato casolare sulle pendici della Liguria provenendo un po' da tutto il pianeta e qualcuno da altri pianeti.

Il trisnipotino di cui parlo è un sedicenne, castano di capelli, un po' tarchiato per la sua età ma col viso ancora bambino, gli occhi scuri e profondi, i capelli un po' riccioli e spettinati, quell'aria da conquistatore del mondo che solo i sedicenni possono avere, anche se poi vivono per cent'anni e più, a testimonianza che l'adolescenza è una e una sola.

Parliamo spesso di storia, mi lascio andare a raccontare un po' di tutto (a volte invento anche qualcosa per vantarmi un po', resti detto tra noi), è piacevole discorrere con lui: non mi sembra intelligentissimo ma ha costanza e fantasia, due qualità che gli faranno conquistare ben più intelligenza di quella impressa dalle leggi di Mendel.

Sta preparando una tesina per la scuola sugli anni 20, sull'inizio del millennio, e mi chiede testimonianze di prima persona: su com'erano i tempi, la gente, le cose. Parla lentamente ma ha pensieri arruffati; si sforza di mettere in parole calme quello che per lui è un tumulto interiore a cui non riesce a dare pace.

Nonno, io ti conosco: sei una persona buona, non ti voglio ferire: voglio capire. E non è per la scuola, è perchè è così assurdo quello che cerco di mettere insieme che non mi rendo conto che tu possa aver fatto parte di quelle persone. E allora mi devi spiegare come è stato possibile che tu, e persone come te, abbia potuto permettere che tutto avvenisse.

Ho studiato il '900, le guerre mondiali, il nazismo e il fascismo, la shoah, la Serbia, e anche i massacri precedenti, i curdi, i rom, gli indiani d'America, il Ruanda; sono stati momenti di buio della ragione durante i quali l'uomo è diventato molto peggio che un animale; il potere in mani spietate è riuscito ad imporsi e ad uccidere innocenti; la gente, se non coinvolta, non sapeva: per questo è stata necessaria una guerra di liberazione, un'intervento dell'ONU, un qualcosa che ristabilisse un simulacro di ordine.

Ma voi sapevate...

Quando in Italia c'erano i campi di concentramento, i CIPE, voi lo sapevate: e siete doppiamente colpevoli, perchè conoscevate e condannavate il nazismo ma vi comportavate allo stesso modo. Non ti tirare fuori: c'era la televisione, c'era internet, tutti sapevano che persone venivano chiuse in gabbie dove morivano. Persone che venivano a cercare lavoro e trovavano morte. Persone che avete chiamato perchè avevate bisogno di braccia: ma s'erano portate dietro anche il cervello, e una volta finito il lavoro non potevano sparire, e vi hanno chiesto di vivere.

Li avete ricacciati indietro, dove sapevate che sarebbero morti.

Avete fatto leggi perchè fosse difficile per loro vivere vicino a voi.

Li avete deportati: Rosarno è su tutti i libri di storia.

Avete pensato che una persona che non ha un lavoro non è degna di starvi vicino: ma che razza di uomini eravate?

E non mi parlare della solita storia che non sapevate del colpo di stato, non sapevate che Berlusconi aveva rovesciato l'Italia. Mi dici che uno fa le leggi per assolvere sè stesso, occupa tutta la comunicazione e voi *non sapevate che fosse un colpo di stato?* Mi prendi per scemo?

Io ti conosco nonno, sei buono: come hai fatto a non fare nulla, a sapere e a non comandare una rivolta, una protesta, qualcosa insomma, qualcosa che ti facesse fare un gesto chiaro e pubblico verso questi uomini?

Avete innalzato muri.

Con la motivazione che il muro d'Israele aveva diminuito gli attacchi dei palestinesi, avete chiesto all'UE i fondi per costruire la barriera mediterranea; quanti ne sono morti contro quelle reti elettrificate?

Avete messo negli aeroporti gli scanner razziali, per selezionare dal genoma le persone indesiderate.

Avete lasciato morire di fame e di malattie tutti quelli al di là del muro.

Sul libro di storia c'è scritto che nel 2010 morivano 18 milioni di persone l'anno solo per l'esistenza dei brevetti sui vaccini. Persone come me, e come te, morivano solo perchè i dirigenti delle multinazionali farmaceutiche potessero arricchirsi.

E tu sempre zitto?

Come pensavate che il pianeta avrebbe potuto sopravvivere? Già solo con i muri del 2025, quelli interni, all'altezza di Napoli, era chiaro che altre persone sarebbero state abbandonate, e sempre meno sarebbero stati i benestanti... non avete per caso pensato di chiamarvi 'razza ariana'? E' stato solo dopo il progetto del terzo muro, quello di Ginevra, che le cose sono cambiate; altrementi non saremmo qui a parlare.

Se non ci fosse stata l'influenza B... penso che il pianeta sarebbe finito male.

Vi ha decimati tutti, voi europei, quasi tutti, sono sopravvissuti solo quelli più forti: tu ti eri già chiuso in montagna e non l'hai neanche sentita, forse non avevi nenche più tv e internet, mi pare che me l'avessi già raccontato.

Invece il ceppo resistente si è sviluppato al di là del muro; tra i poveri del mondo l'influenza B non aveva successo, anzi, le persone resistevano bene; anche perchè la resistenza al virus avveniva tramite la diffusione di un antivirus trasmissibile per via sessuale, esattamente come quella vecchia malattia, l'AIDS.

Quando i pochi che da fuori avevano accesso alla comunicazione all'interno del muro videro la decimazione e la miseria che avvenivano in Europa cercarono di venire a salvarvi: ma le vostre mura erano troppo alte, le difese troppo ben curate ed autosufficienti, ci mancò poco all'ecatombe... finchè, in qualche modo, i muri furono aperti.

Sul libro di storia ci sono ancora i manifesti dei leghisti che chiedono agli africani di fornicare con le loro mogli, per diffondere l'antivirus....

Ed è da allora che siamo rinati come pianeta, che abbiamo impiantato una nuova economia basata sul rispetto della persona e della natura, dove c'è prima la salute della persone e poi tutto il resto... ed è anche per questo che tu nonno, a 109 anni, sei ancora qui a parlare con me.

Però, veramente, non posso che arrabbiarmi con te per quello che hai fatto, o meglio, per quello che non hai fatto; se la tua generazione si fosse svegliata prima avrete salvato molte vite, evitato dolore e distruzione, sareste vissuti molto meglio.

Sei buono, ma non posso che fartene una colpa, nonno; spiegami perchè non vi siete mossi.

...ed io resto muto davanti al mio trisnipote.

Molte volte ho pensato a cosa rispondergli, ho cercato le parole, i modi, i pensieri giusti; ma non ci riesco, l'unica cosa che mi viene in mente è che sono stato manchevolmente colpevole e che sono vissuto in tempi bui, dove il profitto era il vero padrone delle nostre vite.

Lo guardo con occhi un po' tristi, pesa la mia poca limpidezza, il ricordo del mal di schiena... e gli rispondo che sì, ha ragione, non ho fatto nulla per impedire il grande scempio.

Anzi, qualcosa l'avevo fatto, nel 2010... mi pare... ero un po' sfiduciato che potesse servire, ma per cercare di avvisare tutti avevo scritto un racconto...

Nutrirsi di sogni

*Quanto agli scrupoli religiosi dei ginnosofisti e la ripugnanza che
provano alla vista della carne sanguinolenta, mi colpirebbero di più
se non venisse fatto di chiedere a me stesso in che cosa la sofferenza
dell'erba falciata differisca essenzialmente da quella di un montone
sgozzato, e se l'orrore che proviamo nel vedere trucidare un animale
non dipenda soprattutto dal fatto che la nostra sensibilità
appartiene al medesimo regno.*

Marguerite Yourcenar- Le Memorie di Adriano

Dopo cena già so che non riesco a guidare, mi prende sonno. Inoltre oggi c'è un traffico tremendo su questa autostrada: troppe auto, troppo veloci, troppo rischio... guarda quello, un tir rosso che va così veloce che anche se è nell'altra corsia vedo le luci andare così spedite che sembra mi arrivi addosso. Ma và piano, vah....

Mancano ancora 600 chilometri: meglio fermarsi un attimo, mi fermo in una piazzola, tiro giù il sedile e mi faccio un sonnellino. Poi andrà meglio.

Adoro i bordi delle cose: per questo so riconoscere il limite tra la veglia e il sonno, quel preciso momento in cui ci si lascia andare, abbandonati al riposo. Nella penombra delle palpebre i campi ai bordi dell'autostrada hanno un verde più forte e più dolce, il cielo è più azzurro, l'aria più fresca... un sorriso dolce (ed un po' ebete) mi rilassa i lineamenti... e il clascon di un altro tir mi sveglia.

Uffa.

Ma basta che mi rigiri un po' sul sedile per rivedere i campi, e il verde, e il cielo azzurro, e la luce del giorno... e cammino, in questi campi coltivati che lasciano un'impressione di buono, di pulito; tutto ordinato ma non di quell'ordine meccanico, sembra che qualcuno abbia piantato e curato le piantine ad una ad una: sembra quasi che le piante mi guardino. Curiose.

Mi giro indietro: l'auto è lì ma... non c'è l'autostrada. O meglio, c'è ma è diventata una striscia verde di prato, un camminamento con panchine ai bordi: qualche bici passeggia, qualche nonno col nipotino, molte piantine ornamentali ai bordi. Curioso.

Mi avvicino per osservare; un tremore appena percepito sotto i piedi, si intuisce che l'autostrada è in realtà sotterranea, forse passano treni sotto di me. Anche l'acqua dei laghetti che hanno costruito qui appena s'increspa all'arrivo del rumore sotterraneo. C'è una panchina all'ombra di un maggiociondolo: mi ci siedo e cerco di capire dove sono finito, cerco di esplorare l'ambiente che è così dolce e strano. Curioso.

Appena mi siedo noto un foglio lucido sulla panchina. Lo prendo e lo guardo: è un giornale ma sembra un monitor; passando col dito sulle scritte il foglio parla. Guardo la data: 18 maggio 2079. Molto curioso.

Non è possibile penso; sono nato nel 1963, non è la mia vita, è solo un sogno; penso di essere entrato in quello stato di sogno vigile descritto dal *don Juan* di Castaneda: per provar che è vero mi guardo le mani. Sì sono le mie mani: è questo il gesto semplice che lo stregone Jaqui suggeriva per riconoscere il sonno dell'iniziato: decidere in sogno di guardarsi le mani.

La piccola collina a fianco di questa specie di autostrada custodisce un sentiero bordato di piccoli cespugli, sembrano cipressi o tuje; descrive un arco leggero e va a nascondersi dietro il rilievo: lo percorro e, dopo qualche centinaio di metri, trovo una casa bassa, lunga, ad un piano più una mansarda. Dietro la csa, un recinto con qualche animale che pigramente pascola. Davanti, per tutta la lunghezza, un portico. Sul portico una sedia a dondolo ed una panca-divano in legno; sul dondolo un uomo anziano, sulla panca una donna con in grembo un gatto.

Vinco la timidezza nell'andargli incontro, ma sono loro ad invitarmi prima: vieni, accomodati, prendiamo un caffè insieme.

Così, in questa brezza fresca di tarda primavera mi godo la penombra del portico conversando con persone simpatiche e di una dolcezza infinita: ogni parola trova accoglienza, ogni pensiero considerazione. Provo anche a dir loro che arrivo da un'altra epoca, ma mi prendono un po' per grullo, non mi credono affatto, ci scherzano sopra.

Comincio a far domande su questa loro epoca: rispondono prima imbarazzati, poi... stanno al gioco, o capiscono, non so: sta di fatto che rispondono alle mie domande come si risponderebbe ad un bambino, spiegandomi come stanno le cose.

Appena gli dico che arrivo dal 2010 aggrottano la fronte, e mi dicono: chissà com'era il mondo, prima! Chissà quanto hai patito. E poi una gran risata.

Prima di che cosa? chiedo.

Mi guardano un po' straniti, si scambiano due sguardi, forse cominciano a rendersi conto che stanno parlando con un uomo del passato. Sono un po' increduli però, non sanno bene come comportarsi. Tergiversano un po', poi la donna dice: *diglielo*.

I miei occhi stanno lì ad implorare una risposta, forse sono un po' troppo teso e dò l'impressione di essere uno squilibrato, posso metterli in imbarazzo....

Passano attimi interminabili, poi lui dice: -prima del 2012, no?-

-Ma-, chiedo, -cos'è successo nel 2012? Perchè ricordate quella data? -

Mi guardano con un po' di compassione, lui sta per parlare quando lei alza una mano piano, gli fa cenno di fermarsi.

-Ti fermi a cena con noi, vero?-

Potevo rispondere no grazie, ora mi sveglio e torno sull'autostrada del 2010 e riprendo i miei 600km, siete solo un'apparizione onirica ma... voi che avreste fatto? io ho accettato.

Hanno un po' discusso su chi dei due dovesse preparare la cena e chi intrattenersi con l'ospite; a diversità di altre situazioni analoghe, ho chiaramente percepito dai dialoghi che preparare la cena poteva essere qualcosa di molto più piacevole del parlare con me; ne rimasi quasi un po' offeso, ma poi non ci badai più di tanto. Lui entrò in casa, lei rimase fuori con me.

-Allora, che è successo nel 2012?- L'impazienza con cui lo chiedevo aumentava la sensazione di scomodità della mia interlocutrice: lo capivo perfettamente.

Ancora adesso, quando ci penso, non saprei dire quanti anni avesse. Non era una ragazza, ma aveva i pensieri e i movimenti di una persona giovane; non era avanti con l'età, ma aveva la tranquillità e la sicurezza nel fare le cose che solo chi ha maturato molta esperienza può avere; e quegli occhi, scuri, profondi, dolci, un po' appesantiti sulle palpebre da una sofferenza antica, sempre sposi del sorriso che illuminava il viso di una femminilità certa, sicura, quasi archetipica, eterna.

Cominciò con la testa china e gli occhi rivolti in avanti, verso me, con un tono basso: -nel dicembre del 2012 successe una cosa bellisima - ed ora, con sicurezza, percepivo che lei si era resa conto che io non fingevo, - che ha cambiato la vita di tutti i popoli della terra. Qualcuno già l'aveva previsto, ma il modo e i tempi del cambiamento nessuno li poteva aver pensati prima, tutti rimasero sbalorditi da quello che, nella storia dell'uomo, non era mai successo. Già a fine ottobre si poteva percepire nell'aria il cambiamento: le prime ad accorgersene furono le piante, che non cessarono la stagione vegetativa, anzi, alcune rifiorirono; anche gli animali si comportavano in modo strano, i cani annusavano continuamente l'aria come se contenesse qualcosa di magico... Allora avevo 32 anni e due figli; ancora oggi che ne ho quasi 100 me lo ricordo bene che fu una notizia del telegiornale a farmi capire che il mondo stava cambiando: precisamente, la notizia fu che...

- E' pronto! - Una voce dall'interno dichiarava trionfante il successo dell'impresa culinaria: già dalla finestra che dava sulla veranda si poteva percepire che nel 2079 ciò che non era cambiato era la cucina... anzi, mi sembrava nettamente migliorata: in varietà, cottura, tipo di cibi, vini e chissà cos'altro... sono sempre stato abbastanza epicureo e ho sempre corteggiato i piaceri del buon mangiare: la tavola imbandita che ho visto rimarrà il modello ideale a cui tendere per tutto il resto della vita, al punto di farmi abbandonare qualsiasi discorso storico ed assaporare, con i miei ospiti, il banchetto preparato.

Penso di non aver tralasciato di assaggiare nulla: i cibi avevano sapori indescribilmente gustosi, i vini riuscivano ad esaltarne le caratteristiche: lui fu un maestro nel suggerirmi gli abbinamenti, nell'insegnarmi ad approfondire questo o quel gusto a seconda delle papille usate della lingua, della zona del palato da considerare, nel modo corretto di respirare per assaporare non solo i gusti dei cibi, ma soprattutto i sapori delle materie dai quali derivano, per godere infine del sole, dell'acqua, del vento e del fuoco alla base di ognuno dei gusti che stavo assaporando. Vedendo il mio viso meravigliato disse con una gran risata - sembri un mio allievo! - disse che insegnava in corsi di gusto per i bambini dell'asilo.

Nonostante abbia sempre avuto simpatie vegetariane non disdegno saltuariamente i piaceri della carne; in particolare un piatto che avevo gustato in modo eccellente era costituito da una specie di carne ai ferri con una delicatissima salsa verde chiara: al gusto che mai avevo sentito nella carne, corposo e profondo, si contrapponeva la delicatezza del gusto della salsa, una via di mezzo tra limone, mela e cetriolo. Un vino bianco aromatico, speziato, che mi disse nato da terre sabbiose in climi non troppo caldi contribuiva a punteggiare i sapori e a rinfrescare la bocca per un godimento totale dell'esperienza. In quelle condizioni la conversazione diventava fluida e mi capitò di percepire molto più lucidamente i pensieri dei miei interlocutori, anch'essi immersi nella degustazione dei piatti, finchè guardando lei che socchiudeva gli occhi assaporando una specie di formaggio percepii direttamente il suo pensiero, che diceva - questo sa di mandorle -.

Mi fermai un attimo e smisi di mangiare. Era una cosa troppo grande. I miei due ospiti, vedendomi, si fermarono pure loro, fissandomi straniti.

Che c'è, stai male? non ti piace? - No, gli dissi, è successo qualcosa di veramente eccezzionale, scandii: ho percepito chiara-men-te un pensiero: so che il formaggio che hai mangiato sa di mandorla. Lo dissi con un'enfasi così grande che non poterono che starmi a sentire attentissimi.

Poi scoppiarono a ridere, di una risata grande, aperta, armoniosa, l'unica cosa che lei disse fu -Ah, dobbiamo riprendere il discorso del 2012...- Risero quasi fino alle lacrime e mi contagiarono: continuammo a mangiare, allegri, assaporando i cibi e.. scambiandoci sensazioni: mi prendevano in giro, cercavano di pensare a sensazioni strane per farmele sentire... non ci capivo più niente, ma una cosa era chiara: il 2079 mi piaceva proprio...

A fine cena non mi sentivo lo stomaco strapieno, ma piacevolmente nutrito: era chiara la percezione che il cibo sarebbe stato nutrimento, oltre che del corpo, soprattutto della mente; che attraverso di esso avevo portato nel mio corpo il sole, l'aria, l'acqua e la terra da cui derivavano. In questa condizione più elevata, più chiara, rispuntò la mia curiosità cronica, e non potei fare a meno di porre ai miei ospiti qualche domanda; aspettavo inoltre la prosecuzione del discorso di lei.

Tornammo sulla veranda: la luce del crepuscolo si intonava perfettamente col processo digestivo. Non so come sia possibile, ma questa era la mia percezione: assorbivo in quel momento le decine di migliaia di anni di digestioni vespertine dell'*Homo Sapiens* per condensandole in una sensazione di infinito struggimento.

- Ma la carne- dissi, -com'è che mangiate la carne? nel 2010 si diceva che la produzione industriale di carne fosse alla base dell'effetto serra, della rovina del pianeta, oltre a recare sofferenze agli animali.. com'è che ancora oggi si mangia?-

Lei disse a lui: *a questo rispondi tu*. Lui assaporò un goccio del liquore agli agrumi e cominciò pazientemente, come si parla ai bambini:

-Vedi, è tutto vero: l'effetto serra, la sofferenza, e tante altre cose che erano correlate al cibarsi di animali. Dopo i grandi avvenimenti del 2012 in molti ci siamo posti questo problema, e pensavamo d'averlo risolto: semplicemente, nessuno più mangiava carne. I grandi allevamenti fallirono, le grandi praterie tornarono ad essere pascoli, savane, foreste, giungle; la produzione vegetale per alimentarsi aumentò moltissimo e quasi tutti, almeno per quanto riguardava il cosidetto mondo industrializzato, mangiarono solo cibi vegetali.

Non durò molto.

Furono due fisiologi vegetali, Arrigoni e Pagnonis, che per primi portarono avanti gli studi degli anni '90 di Lomagno Caramiello sugli ormoni vegetali. Questi studi permisero di analizzare e mostrare i sentimenti delle piante. Se hai idea delle sofferenze che un animale può avere quando viene portato al macello, non potrai mai avere idea di quella che è la sofferenza di una pianta quando viene mangiata. Innanzitutto, come già Rudolf Stainer aveva dimostrato nell'800, le piante sono ad un livello spirituale superiore rispetto agli uomini. Sono essere puri, vivono di luce e di acqua; hanno anime limpide, al confronto delle quali noi siamo bassi spiriti volgari. Se vuoi ti presto i miei occhialini per vedere in diretta quale sia la magia della fotosintesi; un'armonia che tu del 2010 non puoi neanche immaginare, una perfezione visiva e melodica infinitamente variabile che solo anime purissime possono innescare. Queste anime limpide concorrono ad equilibrare l'energia del pianeta; senza di esse non esisteremmo, e la questione dell'ossigeno che ci danno è solo il risvolto materiale del loro lavoro spirituale.

Quando tutto ciò fu risaputo da tutti, molte persone morirono. Rifiutarono di mangiare sia piante che animali, per non causare sofferenza.

In questo stato però la loro stessa sofferenza diventava insopportabile da loro stessi e dagli altri uomini.

Capisci bene che non c'era via di uscita; dopo il 2012 l'umanità intera era migliorata, il mero istinto di sopravvivenza poteva non avere più il vantaggio sulla mente. Ci fu anche qualche tentativo di nutrirsi a base di cibi sintetici: fu inutile, le persone impazzivano. In un modo o nell'altro, l'uomo è fatto per mangiare i frutti della terra: risuonavano stranamente attuali certe frasi bibliche della Genesi.

Con questo nuovo livello di conoscenza, si ricominciò a mangiare piante ed animali.

Questa volta, consci delle sofferenze che si possono causare, furono messe delle regole; a te possono apparire strane, ma ti assicuro che servono.

Se tu provassi a tenere con te per tutta la sua vita una mucca, o un coniglio, o un maiale, o un qualsiasi animale allevato per essere mangiato, ti accorgeresti di quanto è intelligente, sensibile, affettuoso: di quanto soffre quando viene barbaramente macellato. Per questo chiunque voglia mangiare carne in questo paese, può mangiarne solo se ne ha prodotta, cioè se ha allevato, conosciuto, mantenuto un animale da carne. E, a dirti la verità, non esiste quasi nessuna famiglia che macella il proprio animale; può succedere che qualcuno muoia di vecchiaia, per malattia, per trauma: allora lo si può mangiare. Hai visto che dietro casa anche noi abbiamo un recinto con qualche animale. Ad ottobre tutta la famiglia verrà qui per festeggiare il mio compleanno, forse ci sarà della carne; il mio trisnipote sedicenne ne è ghiotto.

Per questo si mangia carne, ma se ne mangia molto poca: praticamente non c'è mercato per questo prodotto, il consumo è ai minimi possibili. Non esistono certo le buste con gli affettati!! Se non sui libri di storia...

Con le piante è stato più difficile cercare un punto di equilibrio; soprattutto con quelle perenni, grandi spiriti ai quali non possiamo che rivolgerci con devozione.

Per quelle annuali... abbiamo raggiunto un accordo: sono loro stesse ad aver bisogno di diventare nutrimento e trovano miglior esperienza nel diventarlo piuttosto che nel morire appassendo: anche qui gli studi di botanica vegetale sono stati rivelatori, e noi abbiamo avuto modo di aver nutrimento per sempre con i gusti che hai assaggiato stassera.-

-C'è ancora una cosa che forse non ti piacerà sentire... ma non so se dirtela.

So che agli antichi dava molto fastidio.

Vabè, mi sembri sveglio.

In tutto questo discorso che t'ho fatto, piante e animali, l'uomo non è messo a caso: non è il padrone del mondo, ma un anello della catena. Abbiamo raggiunto l'accordo con le piante solo ad un patto: che anche l'uomo non si sottraesse alla catena, che divent'asse anch'esso nutrimento.-

Mi si rizzarono i peli sulla schiena..... QUINDI? - Gli chiesi, un po' allarmato.

- Quindi - riprese, - gli uomini possono donarsi alla terra. Possono decidere che il loro corpo possa essere nutrimento per altri esseri viventi. E' una loro scelta: chiunque può decidere se farlo o no. Sì, vedo i tuoi occhi sbarrati, hai capito bene: l'uomo può diventare cibo per l'uomo, se lo vuole. Una volta morto, per vecchiaia, per malattia o per trauma, può diventare nutrimento per altri uomini.-

Lei, che era stata in silenzio, attenta, a guardarmi, fece una domanda a bassa voce guardandomi con i profondi occhi scuri: -Ti era piaciuta la carne che hai mangiato?-

Io gli chiesi con la voce che, non lo volevo, ma tremava, - ma vuoi dirmi che ho mangiato... io avrei....-

- Sai -, riprese lei, - oggi qui vicino c'è stato un incidente: sono morte alcune persone, c'era carne a disposizione...-

Non ce l'ho fatta, l'io razionale mi ha abbandonato. Mi sono alzato e ho cominciato a correre, veloce, sempre più veloce, ho girato oltre la collina, mi è apparsa l'autostrada del 2010, le auto, ed il cuore finalmente ha cominciato a rallentare. Alla fine, qualcosa mi consolava nel vedere quel traffico, quella strada, quelle luci rosse, bianche, blu...

Blu?

Sì, c'è un'incidente, e quell'auto schiacciata sotto il tir rosso è uguale alla mia... e quello lì dentro... poveraccio è morto... mi assomiglia stranamente...

Oddio...